AF253563

LES CAUSERIES INDISCRÈTES

par

L'ABBÉ BLANC.

***

> Tout s'en va ; il ne sort pas aujour-
> d'hui un enfant des entrailles de sa
> mère qui ne soit un ennemi de la vieille
> société.
>
> (CHATEAUBRIANT, *Essai sur la litté-
> rature anglaise*, tom 2, p. 396.)

§ I.

Nous sommes arrivés à une époque de transition : c'est un fait incontestable. Tout ce qui se
passe autour de nous le prouve assez. Nos bruits,
nos agitations rencontrent un écho dans les con-
trées les plus lointaines. Nous avons vu, nous
voyons tous les jours les peuples jurer sur ce qu'ils
ont de plus sacré, haine à tout ce qui les a pros-
trés vers la terre pendant tant de siècles. En face
des oppresseurs, ils étendent la main, écoutent
battre leur cœur et disent : Soyons libres. Quelques
observateurs inintelligents prennent un instant de
repos pour une lassitude irrémédiable. Ils croient
voir les peuples à la voix enchanteresse des tra-
hisons anciennes, laisser nonchalemment retom-
ber la tête sur le vieil oreiller. Ils se trompent....

Le lion, lassé de combattre, se repose un instant, mais son second réveil est bien plus terrible
que le premier.....

D'ailleurs, étudiez l'histoire ; ouvrez et lisez : voyez à travers les siècles la marche de l'esprit humain. Depuis ces temps éloignés où nos pères ont demandé l'affranchissement des communes, le labeur jusqu'à ce jour a été lent, presque imperceptible, mais infatigable, incessant. De l'affranchissement des communes, nous sommes arrivés à celui du dernier prolétaire. Il a fallu de patientes épreuves pour proclamer devant la loi l'égalité du noble et du roturier. Ce difficile progrès est la voie absolue de l'humanité.

La connaissance *dès droits de l'homme*, obscurcie depuis de longs jours par des doctrines toutes plus stupides et plus absurdes les unes que les autres, cette connaissance ne s'incarne qu'avec grande difficulté dans l'ame de ce peuple que la longueur d'un contact impie a presque rendue cadavéreuse. Depuis des siècles bien éloignés des philosophes ont proclamé ces droits. Trompés par des ruses hypocrites, souvent les peuples ont mis à mort leurs amis. Mais regardez autour de vous, voyez si ces amis véritables seraient mis à mort en ces jours ?..... Enfant du peuple j'ai vécu, je vis au milieu du peuple, je mêle mon ame à son ame, mes pensées à ses pensées, mon cœur à son cœur ; je sais ce qu'il sent, ce qu'il veut ; et je répète en toute vérité, et à tous les partis, ce que je disais d'abord : Nous sommes arrivés à une grande époque de transition. Ce besoin se fait sentir dans toutes les ames, il fait palpiter tous les cœurs ; c'est une faim, c'est une soif qui dévore et qui ne peut être apaisée que par son aliment véritable.

On ne s'en doute pas, mais ce besoin est dans la pensée du peuple, plus peut-être que dans celle du publiciste le plus ami de l'humanité. Or, toute révolution faite dans les esprits touche de près à sa manifestation extérieure. Qu'il fait pitié de voir s'essayer au tour de nous toutes ces tentatives égoïstes de réaction. Eh quoi! tant d'efforts inutiles ne vous ont-ils donc point encore éclairés. C'est un fleuve qui vous entraîne : vainement essaierez-vous de saisir et d'étreindre les débris de quelques monuments qui se rencontrent encore sur la rive. Les eaux emporteront et vous et ces débris.

L'on peut, avec des coups de sabre et des fers pesants jetés sur un grand nombre, arrêter un instant l'accomplissement de grandes vérités ; on peut en éloigner le terme, on ne fera jamais qu'il n'advienne pas.

Ceux qui ne veulent point marcher avec la loi générale, absolue qui conduit l'humanité, peuvent calomnier la multitude, la traquer quelquefois ; elle passe et regarde avec dédain ces inutiles détracteurs parasites du pouvoir.

O vous! qu'un incompréhensible respect prosterne encore au pied du monument antique, regardez dans l'intérieur du sanctuaire ; voyez : votre œil ne rencontrera plus l'humanité s'y reposant dans la confiance. Les abus d'un côté, de l'autre la *connaissance des droits*, ont tout changé. Quelques lévites de la faveur errent encore çà et là dans ce vieux sanctuaire, et se prosternent en passant devant l'autel qui tombe en poudre. Écoutez venir du dehors une voix forte, menaçante ; n'ébranle-t-elle point le monument tout entier ?

Nous voudrions, en parlant ainsi, n'avoir à nous adresser qu'au reste de l'Europe, et que la France tout entière lui parlât par notre bouche.

Mais hélas! qu'ils sont nombreux encore parmi nous ceux qui se tournent vers les jours qui ne sont plus, qui s'essayent avec une stupide béatitude pour réédifier une à une les ruines du passé. Et peut-être même..... Mais ne parlons pas des hommes qui sont au pouvoir. (Une fois encore : jettez un regard sur l'Europe, sur le monde ; voyez. Cherchez un point du globe où les peuples ne s'agitent point? où il n'y ait pas des divisions, des querelles, des haines entre eux et ceux qui les gouvernent? En dehors d'un immense besoin de rénovation, de changement, dites-moi la cause de toutes ces agitations étranges? Il est dans l'ame des masses un instinct qui leur fait pressentir à l'avance ce qui doit arriver ; c'est que les événements naissent de leurs besoins, et sont inévitables comme ces besoins mêmes.

Le vieux monument s'écroule, il chancelle, il tombe ; ses dernières colonnes sont vermoulues. La sainte voix de l'humanité s'est fait entendre, l'arrêt est prononcé par elle, et toute *force* est impuissante en face de cet arrêt divin..... Qui sera écrasé sous ses décombres?..... Les peuples passeront joyeux sur les ruines encore fumantes..... Partisans des vieux jours, à jamais vous aurez disparu !

La royauté n'est plus qu'une de ces inscriptions placées sur le fronton des monuments antiques, et que l'on cherche pour servir à l'histoire.

Le règne du peuple est arrivé.

§ II.

QU'EST-CE QUE LA DÉMOCRATIE ? SES CONSÉQUENCES.

La démocratie, c'est le gouvernement par le peuple;— c'est-à-dire que le peuple se gouverne par lui-même, qu'il établit ses lois ou par lui-même, ou par des délégués de son choix qui doivent discuter et peser les intérêts de la nation entière.

Dans le forum oligarchique d'Athènes, l'assemblée discutait les lois et les faisait mettre à exécution sans contrôle. Dans le forum populaire de Rome, les lois étaient discutées par le sénat et ratifiées par le peuple. Notre situation n'est ni celle de Rome ni celle d'Athènes. Ce n'est plus une fraction du peuple qui peut s'imposer à tout le reste. La nation tout entière *veut* voter ses lois. Or, comme il est de fait impossible que tout le peuple vote la loi, il est devenu absolument nécessaire que chaque coin de la France envoie ses représentants qui, au nom de toute la nation, agitent, discutent et *constituent* toujours dans l'intérêt de la majorité.

Le premier acte de souveraineté que doive exercer le peuple, est donc de choisir lui-même, et en *toute liberté*, ses représentants; de là suit que l'assemblée des représentants n'est qu'un grand mandataire du peuple.

Où réside le pouvoir lorsque l'assemblée est réunie?...

Toujours dans le peuple; sa souveraineté est inaliénable: seulement l'exercice en est confié aux représentants. De là suit encore que si l'assemblée, ou par faiblesse, ou dominée par des ambitions étrangères, tendait à dévier du principe de la démocratie, le peuple serait dans son droit en retirant l'exercice du pouvoir à ses mandataires infidèles, et en faisant de nouveaux choix.

Ne dites point que dans ce cas l'assemblée n'a qu'un mandat bien précaire.—Réunie, elle est dans la position de toute assemblée délibérante. Elle est digne de son mandat jusqu'au jour où la majeure partie de ses membres l'aurait foulé aux pieds. Or, choisie par le peuple que *l'on aura mis à l'abri de toute ruse, de toute hypocrite séduction*, la nécessité d'un nouveau choix ne se présentera que rarement, jamais peut-être. — Ne rendons point aujourd'hui le peuple responsable des sourdes menées de quelques ambitieux.

Le vote universel est donc la pierre fondamentale de la démocratie. Or, de même que le droit de voter est la propriété de tous, l'élection doit pénétrer dans toutes les institutions de l'état. Depuis le choix des membres du gouvernement de la république, jusqu'au maire du dernier village, depuis les procureurs généraux jusqu'aux juges de paix, etc., etc., tout doit être fait par le peuple, puisque tout est établi pour lui, et que seul souverain, à lui seul appartient le droit de confier l'exercice d'un pouvoir quelconque. Pourquoi le lui laisserait-on dans telles circonstances, et lui serait-il ravi dans d'autres?... Ou la démocratie est pure et simple, ou nous revenons droit à l'aristocratie, à l'oligarchie peut-être.

De la souveraineté du peuple découle donc le vote universel, et l'élection dans toutes les institutions de l'état.

Lorsqu'on adopte un régime monarchico-constitutionnel et que l'on proclame la souveraineté du peuple, on joue une de ces inconséquences. telles qu'on en rencontre tant dans l'histoire des. gouvernements. Un trône sans une noblesse ou une aristocratie qui serve d'intermédiaire entre lui et le peuple, est chose impossible ; on ne la verra jamais. Que de brillants utopistes le promettent, à eux permis. Le temps jugera la possibilité de la réalisation. *Point de noblesse, point de monarchie*, disait Montesquieu. *(Esprit des lois.)*

De la souveraineté du peuple découle encore 1° l'égalité des droits pour tous devant la loi. Chacun étant une fraction du souverain, a droit à être jugé comme souverain. — Que de choses à corriger dans notre vieille législation.

2° Puisque la souveraineté appartient à tous, chacun a un droit égal, selon ses mérites, au bénéfice de la société. Les droits qu'apportait autrefois la possession territoriale étant annulés de fait. — Proclamer cette égalité de droits avec les principes qui nous régissaient avant la révolution de février, n'est qu'un leurre, un jeu de mots avec lequel on payait l'ignorance.

3° Le souverain véritable étant l'ensemble des individus capables de voter, le souverain, c'est la nation. Il reste donc dès-lors loisible à la nation de se constituer sous tel régime que bon lui semblera. Or, s'il lui plaît de remanier son territoire, d'en faire des divisions et des subdivisions nouvelles, d'alléger ses souffrances et son malaise par un autre mode d'être, je ne sais qui viendrait lui contester le droit de le faire.

4° S'il plaît à la nation, souverain légitime, de remettre entre les mains d'un gouvernement qu'elle aura institué, son territoire, son industrie et son commerce, pour les produits en être reversés sur chacun; une fois encore, qui pourrait venir lui dire: *Tu n'en a pas le droit.*

Il se rencontrera des opposants; mais le peuple, exerçant sa souveraineté, se trouve dans la position d'une assemblée délibérante : c'est la majorité qui l'emporte.

Il y a un siècle à peine que l'on traitait d'impies, de blasphémateurs, les hommes qui proclamaient la *souveraineté* du peuple. En ces jours, on sourit au publiciste qui avoue le *droit divin* des rois. De quel côté se trouve le droit véritable ? — J'ai pitié de quiconque le met en question. Je n'aurais pas moins pitié de quiconque essayerait de nier la moindre conséquence des principes posés ci-dessus. Arrivons à une question pratique.

§ III.

Le mot de république est sur toutes les lèvres. On l'affiche au coin de toutes nos rues, dans tous nos carrefours. A quoi cependant ont servi toutes ces bruyantes manifestations?..... Qu'ont-elles fait germer ou naître jusqu'à ce jour?..... Des gouvernements divers se sont succédé, sans doute parce qu'ils se croyaient tous plus capables les uns que les autres..... Qu'est-il advenu?..... Des agitations, le malaise par la défiance. Nous vivons aujourd'hui dans une espèce de stagnation difficile à comprendre; c'est comme le calme, mais le calme momentané d'une mer en fureur.

Quelle est la cause de ces agitations, de ce malaise ?

Les partis divers se la rejettent à la face, et tous,

ils ont tort à la fois. Par la révolution de février, le peuple s'est proclamé souverain ; il l'est de droit. Cet acte seul annonce que tout ce qui, dans l'histoire du passé, n'est point selon les pouvoirs du *souverain*, doit disparaître à jamais. Or, il existe des partis divers qui, tapis encore plus ou moins en avant au sein des anciennes ruines, essaient de souffler sur elles pour les ressusciter. Nouveaux Jérémies, ils pleurent sur les décombres, et leurs larmes tombent et disparaissent dans la poussière.

D'autres partis, par leurs systèmes exagérés, remettent tout en question. Ils prétendent déchirer devant nos yeux le voile de l'avenir, et du doigt ils nous montrent un horizon lointain où notre œil ne peut apercevoir que vague, incertitude, ténèbres, abîmes. Brillants rêveurs, ils ne veulent, il est vrai, que le bien de l'humanité, mais ils ne la voient que comme elle devrait être, et non point telle qu'elle est.

Ceux qui tiennent sincèrement au principe de la démocratie, faibles, timides ou égarés, n'en acceptent point franchement toutes les conséquences. Ils hésitent, ils louvoient alors qu'ils devraient s'unir et marcher à pleines voiles. De là, après un instant d'énergie, les demi-mesures, et aujourd'hui une espèce de transaction timide entre l'avenir et le passé. Inconséquents, ils regardent la voie nouvelle ouverte devant eux et n'y marchent qu'avec crainte, détournant leurs regards vers les vieux sentiers.

Souvent ceux-là même, entre les mains desquels a été remis l'exercice du pouvoir, ont singé les petites vanités et les stupidités des pouvoirs anciens.... Tout pouvoir devient envahisseur.....

En un mot, et les uns et les autres ont laissé le peuple dans l'incertitude de son avenir. D'abord l'on a fait quelques essais, manié et remanié. Et parce que les premiers essais ont été malheureux, aujourd'hui l'on essaie plus même, et rien ne se fait pour améliorer le sort des classes ouvrières. Seulement nos grandes cités, nos villages et nos hameaux sont hérissés de piques et de baïonnettes, et l'on dit au peuple : Vis sans remuer, ou meurs.

Cependant la faim éguise sa colère, et s'il n'ose en masse ouvrir sa poitrine au fer qui le frapperait, on aperçoit toutefois sur sa face hâve et amaigrie, le frémissement d'une indignation profonde. Tout se remue dans le calme, le calme du tombeau, et nous sommes en proie à une crainte universelle. — Pourquoi ?

C'est que la colère de la faim est une colère bien terrible.

Dans tous nos grands centres de population, en effet, la misère est à son comble. La classe ouvrière, aussi nombreuse que la classe qui possède, se trouve sans travail aucun, ou à peu près. Point de travail, point de pain. Qu'est-ce que *vivoter* à l'aide de quelques bons délivrés par les communes, ou quelques miettes jetées par la charité publique. Celui qui les reçoit aperçoit assez qu'il mange ce pain de l'aumône qui souvent ne lui est jeté, avec un dédain superbe, que par la crainte, ou pour appaiser la colère de la faim. L'ouvrier se livre à toutes sortes de moyens nouveaux pour gagner un sou, et souvent, au terme d'un pénible labeur, il ne rencontre point encore son chétif salaire. On lui dit cette parole : « Il m'est impossible. » La faim, la nudité, sont assises dans nos rues, sur les bornes de toutes nos voies publiques ; elles gissent étendues dans les échoppes, dans les mansardes, souvent même dans de plus riches habitations..

Ceux qui possèdent encore quelques moyens d'existence se voient réduits à diminuer les œuvres de leur générosité, les dépenses qui ne sont point de nécessité absolue. Le riche, l'enfouisseur d'argent parlent de misère comme tout le monde. Ce n'est point qu'ils la connaissent, seulement ils ont peur. Et eux aussi mettent des bornes à leurs dépenses de faste et de luxe. Il n'y a plus confiance aucune. L'argent ne circule pas, personne ne paie, et cependant le négociant qui veut quelques jours encore essayer de soutenir son commerce est obligé de payer sans retard les marchandises qui rentrent chez lui. Tous économisent..... jusqu'à un sou. Rien ne se fait. Et la tristesse et l'angoisse sont peintes sur tous les fronts. Et les pauvres mères, leurs enfants aux bras, viennent les larmes aux yeux demander un morceau de pain, et pour elles et pour ces pauvres petites créatures. Et ce morceau de pain qui le leur donnera ? — Quelques jours encore d'un semblable malaise, et personne ne leur tendra la main.

Que va-t-il advenir de cet état de choses ?..... Que bientôt, quelques uns exceptés, nous serons tous dans un dénuement égal. On ne peut plus aujourd'hui dire au pauvre ouvrier : « Travaille pour manger. » Il le voudrait, c'est tout ce qu'il demande..... Se laissera-t-il donc mourir de faim sur la borne d'une place publique ? Ses souffrances à lui sont la moindre de ses angoisses. Mais il entend les pleurs de ses enfants, les soupirs de sa femme. Une larme lui vient à l'œil, mêlée à je ne sais quelles colères. Et c'est alors que nous l'entendons s'écrier : « Mieux vaut mourir d'une balle sur la brèche, que de faim dans la rue. »

De là ces agitations, ces mouvements ; de là encore ce défaut de confiance, cette crainte, et non motivée, d'un bouleversement universel.

Et quelle est la cause première de tous nos malheurs ? —Nos divisions.

L'ambition des uns, l'audace effrénée des autres, la timidité d'un grand nombre ; toutes causes qui nous laissent, après six mois de révolution, dans une incertitude complète sur l'avenir qui s'ouvre devant nous. Aussi nous nous voyons pressés de toutes parts d'un obscur horizon, chargé de nuages épais, où la tempête s'agite. Un bruit lointain nous arrive ; qui sait si elle n'éclatera point avec fracas parmi nous ?..... L'on n'attribue qu'aux menées secrètes de quelques ambitieux, ces terreurs vagues, ces bruits sinistres qui se répandent de plus en plus..... Erreur, erreur.

Ce ne sont point autant les partis qui s'agitent, que la misère, la grande misère de la faim. Qu'ils se servent d'elle, il est facile de le comprendre. Après tout, qu'importe au peuple le triomphe de tel ou tel principe. Il a soif, et il ne lui reste que des larmes à boire ; il a faim, et il ne sait où trouver une table pour s'asseoir. Appaisez cette première de toutes les souffrances, ou bien attendons-nous à des malheurs bien grands.

D'autres causes, et en grand nombre, entretiennent encore parmi nous ces agitations, ce malaise. L'on dit que les ennemis du gouvernement actuel ont voulu le perdre par la misère. Je crois qu'ils ont assez bien réussi. On l'accuse de réaction, l'on apporte en témoignage des actes nombreux. Je ne sais si cette accusation est vraie..... Mais toujours la colère du peuple augmente, elle grossit comme les flots de la grande mer ! Est-ce à tort ?... Est-ce avec raison ?... L'avenir en jugera.

Le gouvernement provisoire, la commission exécutive ont été balayés en un jour d'orage comme le seront bien d'autres gouvernements. Les hommes s'usent avec rapidité. Heureux encore lorsqu'ils ne sont que les victimes de l'ingratitude... Le fameux rapport Bauchart, les dernières affaires d'Italie, notre attitude à cet égard, ont placé l'Assemblée nationale dans une de ces positions graves où peut-être elle ne s'est jamais trouvée depuis qu'elle est réunie. Ces événements, car ce sont des événements, ont jeté les esprits dans un vague d'agitation difficile à décrire.

D'un côté nous apercevons toutes les astuces anciennes de l'Angleterre, et nous toujours marchant à sa remorque. Aux premiers cris de liberté prononcés en France, une nation généreuse s'est levée comme un seul homme. Elle a dit : *Et moi aussi je veux être libre, indépendante*. Elle a tiré le glaive, elle est allée verser sur les champs de bataille son sang le plus pur pour la plus sainte des causes ! Les hasards de la guerre la livrent aujourd'hui pieds et mains liés à ses infâmes oppresseurs : Et nous hésitons ? Et nous parlons de traiter avec l'Autriche ? Avec ces cohortes et ces légions de tous temps liberticides ?... Ce n'est point seulement une nation qui succombe, c'est un principe ; ce principe de liberté, d'indépendance que nous avons proclamé bien haut à la face de l'Europe. Ce principe qui a fait tressaillir tant de nationalités qui ont cru, aidées de notre bras, faire leur berceau de la fosse dans laquelle on les a ensevelies. Ce principe qui seul est un droit, qui seul est juste, seul légitime. Cependant regardons où nous en sommes depuis les jours premiers. Les peuples de nouveau se courbent sous le joug. Tous les moyens sont bons au despostisme. D'abord il a élevé des baïonnettes en face des peuples, et les peuples ont vaincu parce qu'ils ont découvert leurs poitrines et ils ont dit : *Frappe, mais succombe.* Aujourd'hui il les entoure de misère et de faim, et cette ruse lui réussit ; elle lui réussit partout *peut-être.*

Ombres de nos héros ! si soudain vous sortiez de votre poussière et que vous vissiez en ces jours les fruits de vos efforts, le prix de votre sang.... « Lâches enfants ! nous diriez-vous, eh quoi ! nous vous avons ouvert la carrière, et votre pied timide n'ose point y marcher ? Notre sang, ce sang de vos frères fume encore sur vos places publiques, et déjà vous commencez à vous complaire dans un lâche repos ? Nous avons invoqué le saint nom de la liberté, et tous les peuples ont répondu aux accents de notre voix, au souffle de nos poitrines ; les rois ont pâli sur leur trône, les princes ont été confondus, ils ont fui parmi les nations, et une fois encore tous ensemble, vous commencez a dormir de nouveau à la voix flateuse de vos oppresseurs anciens ? Eh quoi ! pour quelques jours de malaise que vous aurez à traverser encore, laisserez-vous donc notre sang dans la poussière, oublieux profanes, le foulerez-vous à vos pieds ? Dormez, dormez en paix sous la griffe du lion qui déchire vos entrailles : cette récompense est due à votre lâcheté. — O ombres de nos frères ! fuyons ce sol qu'on veut infecter de nouveau.

Enfants, nous sommes morts pour la LIBERTÉ. »

Je viens de jeter un coup d'œil rapide sur bien des questions à la fois. Ce n'est point un traité que j'écris, j'ai voulu seulement m'arrêter à quelques indications. La démocratie est le seul systéme admissible aujourd'hui. Qu'on l'accepte franchement avec toutes ses conséquences, que l'on cesse d'hésiter, et dès lors ces ennemis de l'ordre qui ne cherchent le triomphe de leur cause que par le désordre, se trouvant sans espoir, se ralieront bientôt à la cause véritable. Que nos actions ne soient point la contradiction de nos principes! Que notre politique extérieure les représente! Tendons les premiers la main à la sainte alliance des peuples. Qu'au delà de ses murs entourés d'une triple enceinte, le despotisme regarde en tremblant nos soldats qui s'avancent! Que notre doigt touche la poussière où gissent blanchis les os des peuples, nos frères, sur lesquels les tyrans ont posé leur pied, et que cette poussière se ranime.

Que tous nos ennemis du dehors soient vaincus! Que ceux qui près de nous, autour de nous, voudraient ne point comprendre la sainteté du principe que la France a proclamé; soient méprisés et non écoutés avec une lâche complaisance. Craignons ces ennemis, alors encore qu'ils semblent nous faire des présents, soyons unis et fermes dans la voie ouverte devant nous. Les mauvais jours passeront, et cette ÉGALITÉ, cette LIBERTÉ, cette FRATERNITÉ chrétiennes peu a peu s'incarneront dans nos habitudes, nos mœurs, nos institutions; alors sera réellement arrivé le règne du peuple par l'accomplissement de celui du Christ !!!

Guillotière, imprimerie de J.-M. Bajat, cours d'Austerlitz, 8.

www.ingramcontent.com/pod-product-compliance
Lightning Source LLC
Chambersburg PA
CBHW051436060726
47596CB00006B/2508